HAIKU
JOURNAL

_____ / _____ / _____

_____ / _____ / _____

_____ / _____ / _____

_____ / _____ / _____

_____ / _____ / _____

_____ / _____ / _____

_____ / _____ / _____

_____ / _____ / _____

_____ / _____ / _____

_____ / _____ / _____

_____ / _____ / _____

_____ / _____ / _____

_____ / _____ / _____

_____ / _____ / _____

_____ / _____ / _____

_____ / _____ / _____

_____ / _____ / _____

_____ / _____ / _____

_____ / _____ / _____

_____ / _____ / _____

_____ / _____ / _____

_____ / _____ / _____

_____ / _____ / _____

_____ / _____ / _____

_____ / _____ / _____

_____ / _____ / _____

_____ / _____ / _____

_____ / _____ / _____

_____ / _____ / _____

_____ / _____ / _____

_____ / _____ / _____

_____ / _____ / _____

_____ / _____ / _____

_____ / _____ / _____

_____ / _____ / _____

_____ / _____ / _____

_____ / _____ / _____

_____ / _____ / _____

_____ / _____ / _____

_____ / _____ / _____

_____ / _____ / _____

_____ / _____ / _____

_____ / _____ / _____

_____ / _____ / _____

_____ / _____ / _____

_____ / _____ / _____

_____ / _____ / _____

_____ / _____ / _____

_____ / _____ / _____

_____ / _____ / _____

_____ / _____ / _____

_____ / _____ / _____

_____ / _____ / _____

_____ / _____ / _____

_____ / _____ / _____

_____ / _____ / _____

_____ / _____ / _____

_____ / _____ / _____

_____

_____

_____

_____ / _____ / _____

_____

_____

_____

_____ / _____ / _____

_____

_____

_____

_____ / _____ / _____

_____ / _____ / _____

_____ / _____ / _____

_____ / _____ / _____

_____ / _____ / _____

_____ / _____ / _____

_____ / _____ / _____

_____ / _____ / _____

_____ / _____ / _____

_____ / _____ / _____

_____ / _____ / _____

_____ / _____ / _____

_____ / _____ / _____

_____ / _____ / _____

_____ / _____ / _____

_____ / _____ / _____

_____ / _____ / _____

_____ / _____ / _____

_____ / _____ / _____

_____ / _____ / _____

_____ / _____ / _____

_____ / _____ / _____

_____ / _____ / _____

_____ / _____ / _____

_____ / _____ / _____

_____ / _____ / _____

_____ / _____ / _____

_____ / _____ / _____

_____ / _____ / _____

_____ / _____ / _____

_____ / _____ / _____

_____ / _____ / _____

_____ / _____ / _____

_____ / _____ / _____

_____ / _____ / _____

_____ / _____ / _____

_____ / _____ / _____

_____ / _____ / _____

_____ / _____ / _____

_____ / _____ / _____

_____ / _____ / _____

_____ / _____ / _____

_____ / _____ / _____

_____ / _____ / _____

_____ / _____ / _____

_____ / _____ / _____

_____ / _____ / _____

_____ / _____ / _____

_____ / _____ / _____

_____ / _____ / _____

_____ / _____ / _____

_____ / _____ / _____

_____ / _____ / _____

_____ / _____ / _____

_____ / _____ / _____

_____ / _____ / _____

_____ / _____ / _____

_____ / _____ / _____

_____ / _____ / _____

_____ / _____ / _____

_____ / _____ / _____

_____ / _____ / _____

_____ / _____ / _____

_____ / _____ / _____

_____ / _____ / _____

_____ / _____ / _____

_____ / _____ / _____

_____ / _____ / _____

_____ / _____ / _____

_____ / _____ / _____

_____ / _____ / _____

_____ / _____ / _____

_____ / _____ / _____

_____ / _____ / _____

_____ / _____ / _____

_____ / _____ / _____

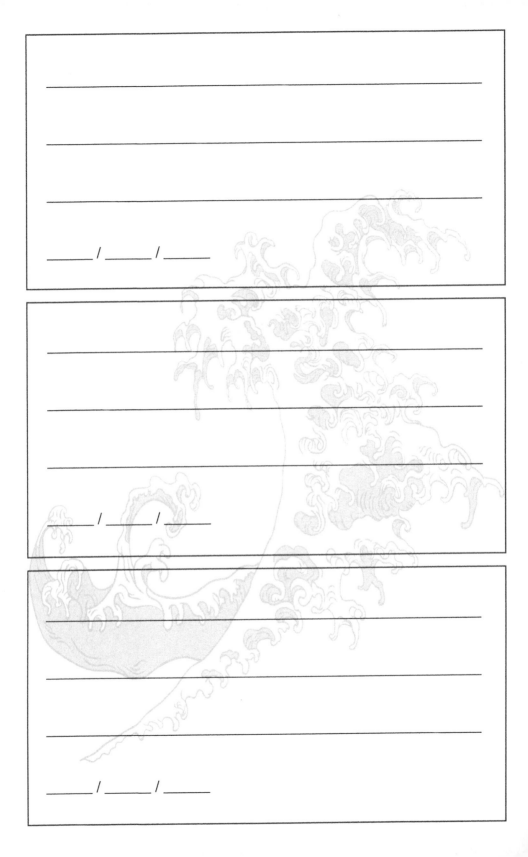

_____ / _____ / _____

_____ / _____ / _____

_____ / _____ / _____

_____ / _____ / _____

_____ / _____ / _____

_____ / _____ / _____

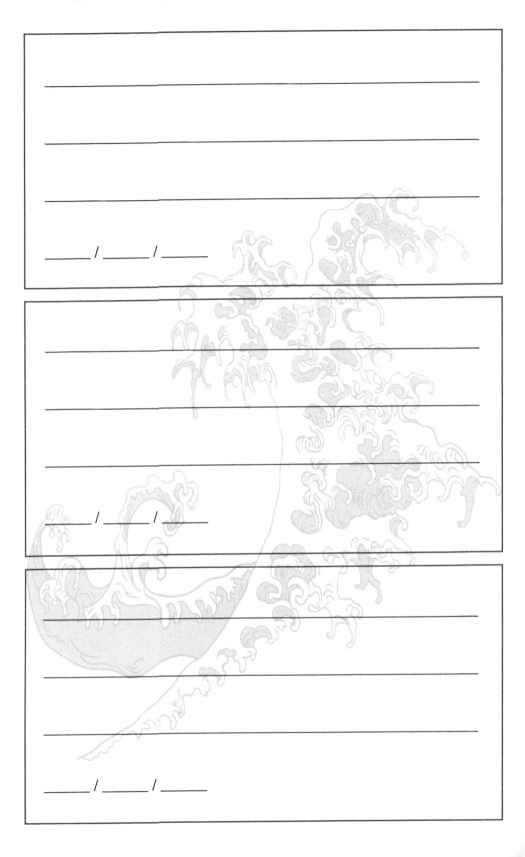

_____ / _____ / _____

_____ / _____ / _____

_____ / _____ / _____

_____ / _____ / _____

_____ / _____ / _____

_____ / _____ / _____

_____ / _____ / _____

_____ / _____ / _____

_____ / _____ / _____

_____ / _____ / _____

_____ / _____ / _____

_____ / _____ / _____

_____ / _____ / _____

_____ / _____ / _____

_____ / _____ / _____

_____ / _____ / _____

_____ / _____ / _____

_____ / _____ / _____

_____ / _____ / _____

_____ / _____ / _____

_____ / _____ / _____

_____ / _____ / _____

_____ / _____ / _____

_____ / _____ / _____

_____ / _____ / _____

_____ / _____ / _____

_____ / _____ / _____

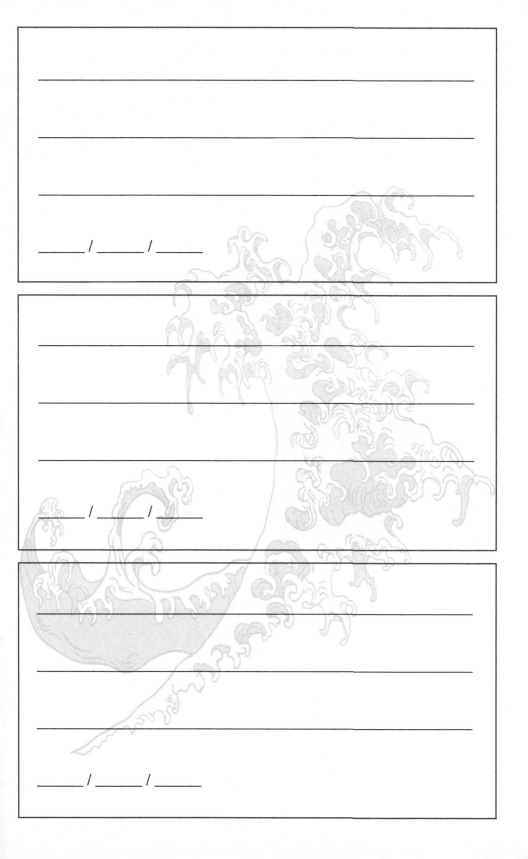

_____ / _____ / _____

_____ / _____ / _____

_____ / _____ / _____

_____ / _____ / _____

_____ / _____ / _____

_____ / _____ / _____

_____ / _____ / _____

_____ / _____ / _____

_____ / _____ / _____

_____ / _____ / _____

_____ / _____ / _____

_____ / _____ / _____

_____ / _____ / _____

_____ / _____ / _____

_____ / _____ / _____

_____ / _____ / _____

_____ / _____ / _____

_____ / _____ / _____

_____ / _____ / _____

_____ / _____ / _____

_____ / _____ / _____

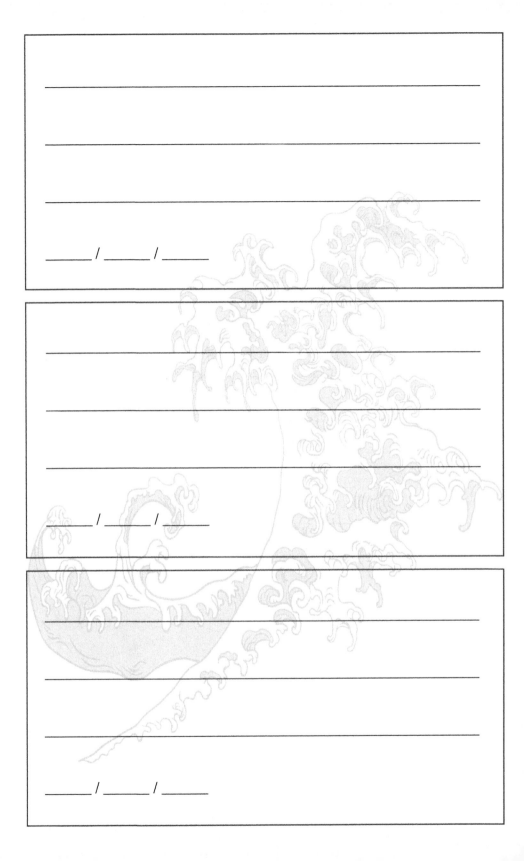

_____ / _____ / _____

_____ / _____ / _____

_____ / _____ / _____

_____ / _____ / _____

_____ / _____ / _____

_____ / _____ / _____

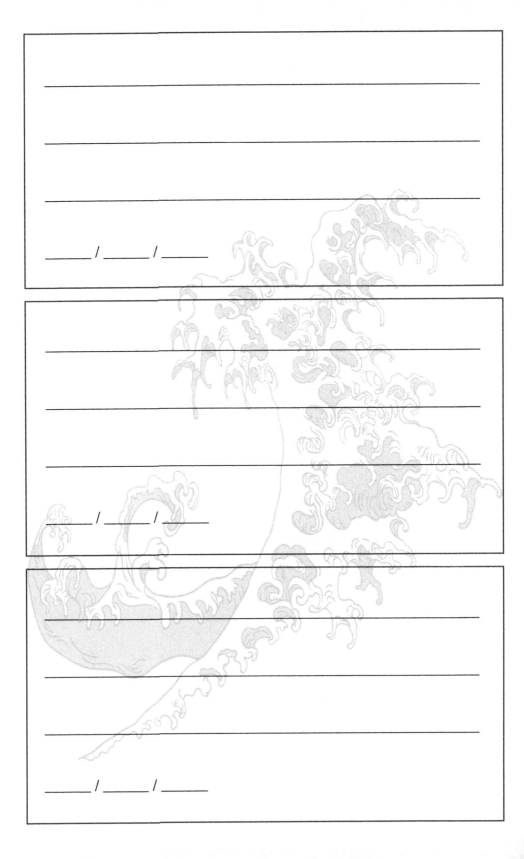

_____ / _____ / _____

_____ / _____ / _____

_____ / _____ / _____

_____ / _____ / _____

_____ / _____ / _____

_____ / _____ / _____

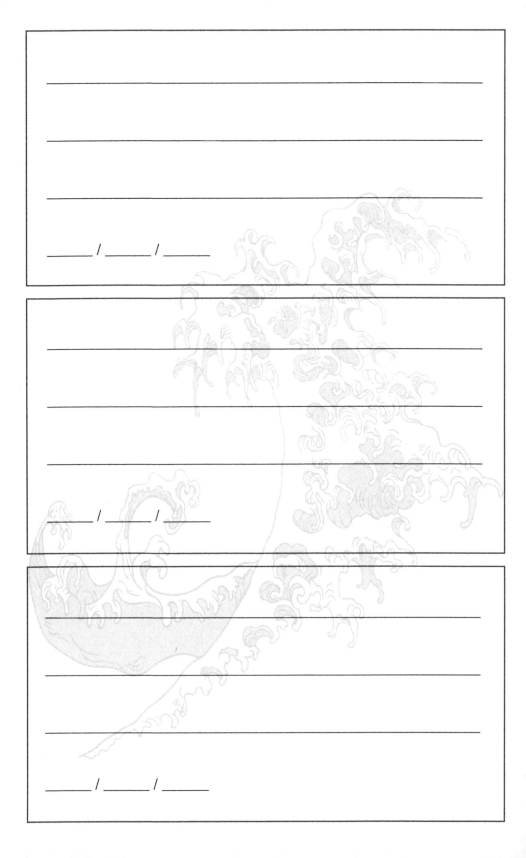

_____ / _____ / _____

_____ / _____ / _____

_____ / _____ / _____

_____ / _____ / _____

_____ / _____ / _____

_____ / _____ / _____

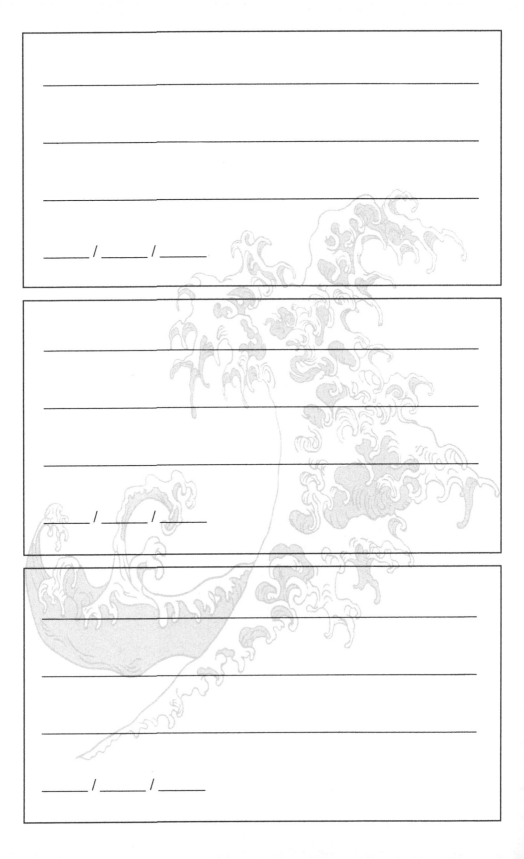

_____ / _____ / _____

_____ / _____ / _____

_____ / _____ / _____

_____ / _____ / _____

_____ / _____ / _____

_____ / _____ / _____

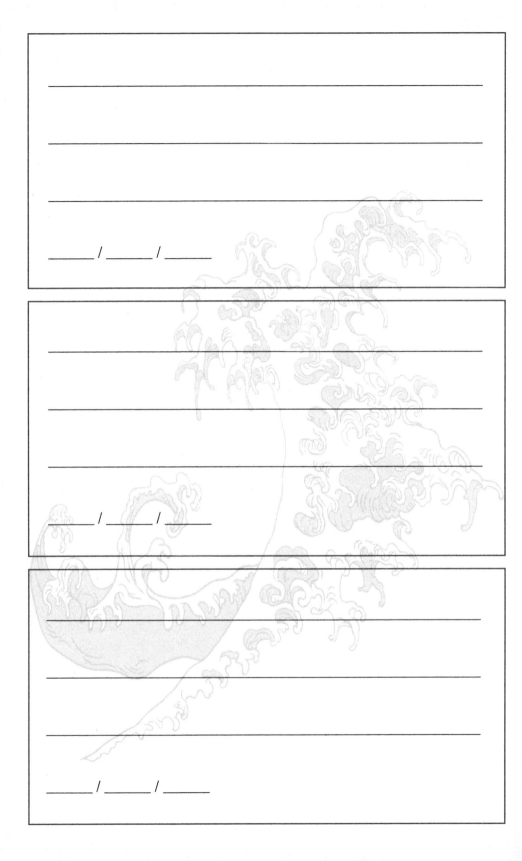

_____ / _____ / _____

_____ / _____ / _____

_____ / _____ / _____

_____ / _____ / _____

_____ / _____ / _____

_____ / _____ / _____

_____ / _____ / _____

_____ / _____ / _____

_____ / _____ / _____

_____ / _____ / _____

_____ / _____ / _____

_____ / _____ / _____

_____ / _____ / _____

_____ / _____ / _____

_____ / _____ / _____

_____ / _____ / _____

_____ / _____ / _____

_____ / _____ / _____

_____ / _____ / _____

_____ / _____ / _____

_____ / _____ / _____

_____ / _____ / _____

_____ / _____ / _____

_____ / _____ / _____

_____ / _____ / _____

_____ / _____ / _____

_____ / _____ / _____

_____ / _____ / _____

_____ / _____ / _____

_____ / _____ / _____

_____ / _____ / _____

_____ / _____ / _____

_____ / _____ / _____

_____ / _____ / _____

_____ / _____ / _____

_____ / _____ / _____

_____ / _____ / _____

_____ / _____ / _____

_____ / _____ / _____

_____ / _____ / _____

_____ / _____ / _____

_____ / _____ / _____

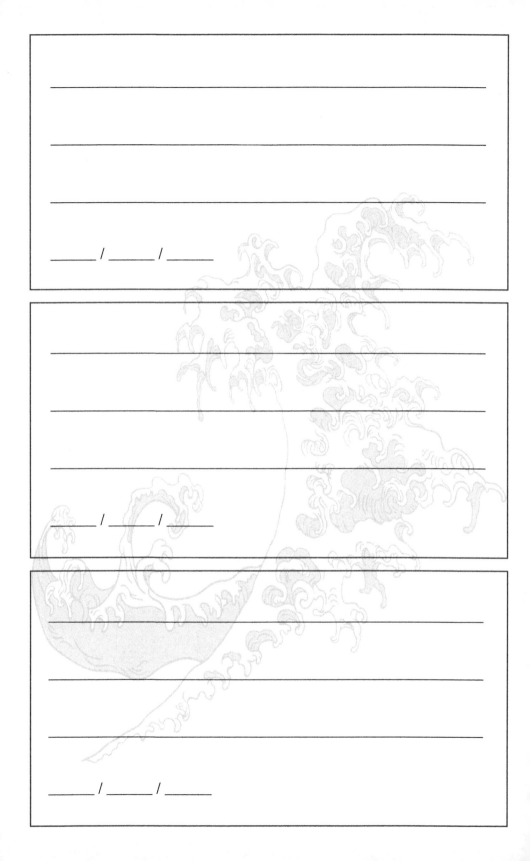

_____ / _____ / _____

_____ / _____ / _____

_____ / _____ / _____

_____ / _____ / _____

_____ / _____ / _____

_____ / _____ / _____

_____ / _____ / _____

_____ / _____ / _____

_____ / _____ / _____

_____ / _____ / _____

_____ / _____ / _____

_____ / _____ / _____

_____ / _____ / _____

_____ / _____ / _____

_____ / _____ / _____

_____ / _____ / _____

_____ / _____ / _____

_____ / _____ / _____

_____ / _____ / _____

_____ / _____ / _____

_____ / _____ / _____

_____ / _____ / _____

_____ / _____ / _____

_____ / _____ / _____

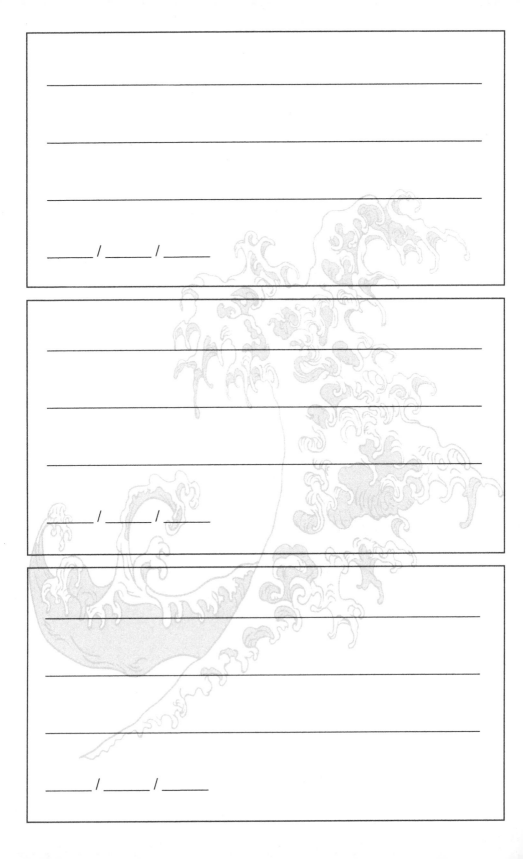

_____ / _____ / _____

_____ / _____ / _____

_____ / _____ / _____

_____ / _____ / _____

_____ / _____ / _____

_____ / _____ / _____

_____ / _____ / _____

_____ / _____ / _____

_____ / _____ / _____

_____ / _____ / _____

_____ / _____ / _____

_____ / _____ / _____

_____ / _____ / _____

_____ / _____ / _____

_____ / _____ / _____

_____ / _____ / _____

_____ / _____ / _____

_____ / _____ / _____

_____ / _____ / _____

_____ / _____ / _____

_____ / _____ / _____

_____ / _____ / _____

_____ / _____ / _____

_____ / _____ / _____

_____ / _____ / _____

_____ / _____ / _____

_____ / _____ / _____

_____ / _____ / _____

_____ / _____ / _____

_____ / _____ / _____

_____ / _____ / _____

_____ / _____ / _____

_____ / _____ / _____

_____ / _____ / _____

_____ / _____ / _____

_____ / _____ / _____

_____ / _____ / _____

_____ / _____ / _____

_____ / _____ / _____

_____ / _____ / _____

_____ / _____ / _____

_____ / _____ / _____

_____ / _____ / _____

_____ / _____ / _____

_____ / _____ / _____

_____ / _____ / _____

_____ / _____ / _____

_____ / _____ / _____

_____ / _____ / _____

_____ / _____ / _____

_____ / _____ / _____

_____ / _____ / _____

_____ / _____ / _____

_____ / _____ / _____

_____ / _____ / _____

_____ / _____ / _____

_____ / _____ / _____

_____ / _____ / _____

_____ / _____ / _____

_____ / _____ / _____

_____ / _____ / _____

_____ / _____ / _____

_____ / _____ / _____

_____ / _____ / _____

_____ / _____ / _____

_____ / _____ / _____

_____ / _____ / _____

_____ / _____ / _____

_____ / _____ / _____

_____ / _____ / _____

_____ / _____ / _____

_____ / _____ / _____

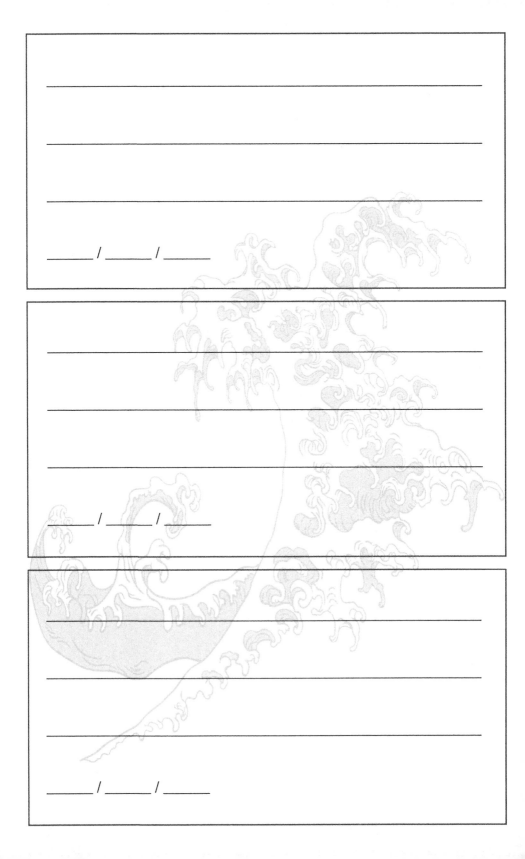

_____ / _____ / _____

_____ / _____ / _____

_____ / _____ / _____

Made in the USA
Middletown, DE
14 September 2022

10472830R00070